LA
PROPRIÉTÉ INDIVIDUELLE

A ROME

PAR

M. Paul GUIRAUD

MEMBRE DE L'INSTITUT

(Extrait de la *Revue des questions historiques*. — Avril 1909.)

PARIS

AUX BUREAUX DE LA REVUE

5, RUE SAINT-SIMON, 5

1909

LA
PROPRIÉTÉ INDIVIDUELLE

A ROME

PAR

M. Paul GUIRAUD

MEMBRE DE L'INSTITUT

(Extrait de la *Revue des questions historiques.* — Avril 1909.)

PARIS

AUX BUREAUX DE LA REVUE

5, RUE SAINT-SIMON, 5

1909

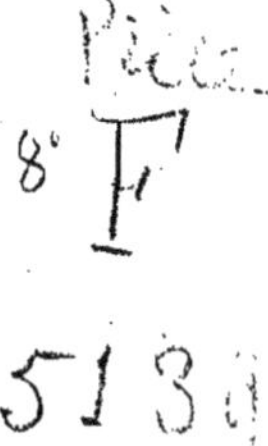

LA

PROPRIÉTÉ INDIVIDUELLE

A ROME [1]

Le droit de propriété individuelle était à Rome très étendu ;
il conférait « pleins pouvoirs [2] » sur la chose. Nulle autorité
extérieure ne planait au-dessus du propriétaire foncier, sur le
sol qu'il occupait. Ce n'était point ici la propriété féodale où
chaque parcelle de terre appartient à deux personnes superpo-
sées, le vassal et son suzerain. Ce n'était pas non plus la propriété monarchique où le roi se considère, au moins théorique-
ment, comme le propriétaire unique et où les sujets ne possè-
dent qu'en vertu d'une tolérance de sa part. Les restrictions de
ce genre ont toujours été ignorées des Romains.

L'État avait le droit de confisquer les terres, et sous l'Empire
il en fit un abus extraordinaire. Mais on n'oubliera pas que
c'était une peine inscrite dans les lois, et cette pratique n'im-
plique pas plus que nos amendes un droit quelconque de propriété reconnu à l'État sur les patrimoines individuels.

En matière d'expropriation pour cause d'utilité publique, on
procédait avec plus de ménagements que nous. Il semble qu'en
179 avant Jésus-Christ, ce droit n'existait pas encore ; car, à
cette date, on dut renoncer à construire un aqueduc parce
qu'un certain Licinius Crassus refusa de livrer passage sur ses

---

[1] Lorsque la mort est venue le surprendre en pleine activité scientifique
(25 février 1907), M. Paul Guiraud poursuivait la rédaction d'un ouvrage
sur *La propriété foncière à Rome* qui eût été le pendant de sa belle étude sur
La propriété foncière en Grèce ; plusieurs chapitres étaient déjà prêts pour
l'impression. Son fils, M. Albert Guiraud, a bien voulu me les communiquer,
et avec son agrément, j'en ferai profiter les lecteurs de notre revue (Jean Guiraud).

[2] Institutes de Justinien, II, 4, 4 : « Plenam in re potestatem. »

terres [1]. Cicéron raconte qu'en 162, le préteur P. Lentulus, envoyé en Campanie pour acheter des terres enclavées dans l'*ager publicus*, déclara, à son retour, qu'il lui avait été impossible d'acquérir l'une d'elles, par suite de la mauvaise volonté du « détenteur [2]. » A partir de César, l'État se montrera moins scrupuleux. Vers la fin de sa vie, le dictateur avait de grands projets d'édilité ; il songeait à bâtir l'esplanade du Champ de Mars qui devait être transféré au Vatican. Cicéron, qui avait eu l'intention d'ériger une chapelle en l'honneur de sa fille défunte, abandonna ce dessein, sans doute par crainte d'être dépossédé ; mais il ne dit pas sous quelle forme il risquait de l'être, par expropriation ou par achat. Toutefois, comme il parle ici « d'un lieu dont César veut l'adoption, » il est probable qu'il redoutait une expropriation légale [3]. Le statut de la colonie romaine de Genetiva Julia, qui est de la même époque, porte que nul ne pourra empêcher l'eau de la ville de traverser son terrain [4]. L'usage était, en pareil cas, que l'État achetât à l'amiable les parcelles nécessaires à la canalisation, et s'il arrivait qu'un propriétaire affichât des prétentions exagérées, on lui achetait, fût-ce malgré lui, la pièce tout entière, sauf à revendre la partie inutilisée [5]. Un sénatus-consulte de l'année 11 avant Jésus-Christ autorise même les entrepreneurs, chargés de la réparation des aqueducs, à tirer des fonds voisins tous les matériaux dont ils ont besoin, moyennant une indemnité fixée par un expert [6]. Ce fut par voie d'achat qu'Auguste se procura l'espace destiné au théâtre de Marcellus [7], et

---

[1] Tite-Live, XL, 51 : « Impedimento operi fuit M. Licinius Crassus qui per fundum suum duci non passus est. »

[2] Cicéron, *De lege agraria :* « Nulla se pecunia fundum cujusdam emere potuisse. »

[3] Cicéron, *Ad Attic.*, XIII, 33, 4.

[4] *Corpus inscriptionum latinarum*, II, 5439 : « Neve quis facito quo minus ita aquā ducatur. »

[5] Frontin, *De aquaeductibus*, 128 : « Majores nostri admirabili aequitate ne ea quidem eripuerunt privatis quae ad modum publicum pertinebant, sed cum aquas perducerent, si difficilior possessor in parte vendenda fuerat, pro toto agro pecuniam intulerunt, et post determinata necessaria loca rursus eum agrum vendiderunt. » C. I. L. VI, 1260 : « Aquam Trajanam pecunia sua in urbem perduxit (Trajanus), emptis locis per latitudinem pas. XXX. » Cf. Mommsen, *Ephemeris epigraphica*, II, p. 137-138.

[6] Frontin, *ibid.*, 125.

[7] *Res gestae divi Augusti*, IV, 22 : « Theatrum.... in solo magna ex parte e privatis empto. »

Suétone nous apprend qu'il réduisit les dimensions de son forum « parce qu'il n'osa pas enlever aux propriétaires les maisons qui l'entouraient [1] ; » mais on remarquera qu'Auguste agissait ici en simple particulier et non en qualité de représentant de l'État. Il y avait une circonstance où l'individu exproprié en vertu de la loi ne recevait aucune compensation, c'est lorsqu'une route avait été détruite par une inondation ou un éboulement et qu'on réclamait aux riverains le terrain indispensable au nouveau chemin [2]. On estimait peut-être que la proximité de cette voie de communication était pour eux un avantage suffisant.

L'État respectait le droit de propriété alors même qu'on en abusait. « Jadis, dit Aulu-Gelle, si quelqu'un laissait les mauvaises herbes envahir son champ, s'il négligeait de le labourer et de le nettoyer, s'il n'avait pas soin de ses arbres et de ses vignes, il était puni par les censeurs, qui le rejetaient au dernier rang des citoyens; » mais il n'en restait pas moins propriétaire [3].

Les empereurs, notamment au IVe et au Ve siècle, donnaient volontiers à des vétérans et à des civils certaines terres qui n'étaient ni domaniales ni impériales. Mais c'étaient des terres « vacantes » dont les possesseurs s'étaient dessaisis volontairement et dont « on ne pouvait retrouver les maitres. » Il y avait là une sorte de *res nullius* susceptible d'être occupée par le premier venu. Néanmoins si, avant un délai déterminé, l'ancien propriétaire revendiquait son fonds, il le recouvrait aussitôt [4], à condition d'indemniser le détenteur intérimaire des dépenses utiles qu'il y avait faites.

Les Romains éprouvaient une extrême répugnance à payer l'impôt foncier parce qu'ils y voyaient une atteinte au droit de propriété. Jusqu'en 167 avant Jésus-Christ, ils surent s'y résigner, du moins en temps de guerre : mais ils exigeaient qu'on le leur remboursât chaque fois que c'était possible [5]. Depuis

---

[1] Suétone, *Auguste*, 56.

[2] Javolenus au *Digeste*, VIII, 6, 14, 1 : « Cum via publica vel fluminis impetu vel ruina amissa est, vicinus proximus viam praestare debet. » Ce texte un peu vague n'exclut pas tout à fait le paiement d'une indemnité.

[3] Aulu-Gelle, IV, 12; Pline, XVIII, 3, 11.

[4] Hérodien, II, 4, 6; Julien, *Misopogon* (éd. Hertlein), p. 479 ; Code théodosien, VII, 20, 3 ; 20, 8 ; Code Justinien, XI, 59, 1 ; 59, 8 ; 59, 11.

[5] Voir mes *Etudes économiques sur l'antiquité*, p. 160 et suiv.

cette date, il cessa d'être perçu et, plus tard, Auguste n'eut qu'à menacer de le rétablir, pour rendre presque populaire une taxe sur les successions éloignées qui avait provoqué un vif mécontentement [1]. D'ailleurs, il parut impraticable d'étendre cette taxe aux successions en ligne directe parce que, d'après le témoignage de Pline, « les héritiers n'auraient pas souffert qu'on entamât des biens que garantissaient le sang, la naissance, la communauté du culte domestique, des biens qu'ils s'étaient longtemps habitués à regarder comme leurs et qu'ils étaient obligés de transmettre à leurs parents les plus proches [2]. » Cette conception du droit de propriété est d'autant plus remarquable que les Romains le faisaient dériver de l'État lui-même. La tradition plaçait aux origines de la ville un partage des terres opéré par le premier roi et c'était de là, disait-on, que venait la propriété foncière. Il en résultait que l'État était censé avoir engendré à Rome le droit de propriété en lui fournissant l'occasion de s'exercer : mais il l'avait constitué très fortement au point de n'en rien retenir pour lui.

Les droits des citoyens sur le sol n'étaient pas plus amoindris par les particuliers que par l'État ; s'ils subissaient de ce chef quelques restrictions, c'était en vertu de la force des choses et à titre réciproque.

Quand des individus étaient propriétaires d'un même champ, aucune prééminence n'était attribuée à l'un sur l'autre et tous deux avaient sur le champ entier des droits identiques [3]. Ce cas se présentait fréquemment [4]. Il n'était pas rare, par exemple, que plusieurs héritiers ajournassent le partage ; mais il fallait pour cela une convention expresse. Nul, en principe, n'était tenu de demeurer dans l'indivision [5]. S'ils s'engageaient à n'en pas sortir, ce devait être pour un temps déterminé [6] et jamais

---

[1] Dion Cassius, LV, 26 ; LVI, 28.

[2] Pline, *Panégyrique*, 37.

[3] Paulus au *Digeste*, XXVII, 1, 31, 4 : « Neque fratres consortes plurium loco habendi sunt neque non fratres, si idem patrimonium habent. »

[4] Tite-Live, XLI, 27. Cicéron, *In Verrem*, II. 3, 23, 57 ; Plutarque, *Paul-Émile*, 5 ; Pline, *Ep.*, VIII, 18, 4 ; Aulu-Gelle, I, 9, 12 ; *Digeste*, X, 2, 39, 3 XVII, 2, 52, 8 ; Festus, p. 51 : « Divisiones patrimoniorum inter consortes. »

[5] Code Justinien, III, 37, 5 : « In communionem vel societatem nemo compellitur invitus detineri. »

[6] *Digeste*, X, 3, 14, 2 : « Si conveniat ne omnino divisio fiat, hujusmodi pactum nullas vires habere manifestissimum est ; sin autem intra certum tempus,... valet. » XVII, 2, 70.

à perpétuité. Entre eux, tout était commun, les pertes comme les gains, et chacun en avait sa part. Enfin, s'ils ne s'entendaient pas sur la manière d'aménager le fonds, c'était celui qui refusait d'y rien changer dont la volonté prévalait [1].

Les rapports de voisinage créaient des entraves inévitables au droit de propriété.

Tout individu pouvait contraindre son voisin à faire le bornage de leurs fonds respectifs et le magistrat pouvait transférer de l'un à l'autre une portion du terrain, non seulement afin de rectifier les empiétements, mais encore afin de rendre plus apparente la limite commune [2]. A droite et à gauche de la ligne séparative, on laissait un espace libre de cinq pieds (1ᵐ48) emprunté par moitié aux deux champs [3]. Cette bande indivise facilitait aux deux propriétaires l'accès de leur bien et leur fournissait en outre la place nécessaire pour retourner la charrue. L'usage, d'ailleurs, n'était pas toujours observé [4].

Un immeuble était souvent grevé d'une foule d'obligations et de servitudes qui n'étaient pas toujours volontaires. Nul n'avait le droit d'empêcher les branches d'un arbre voisin de surplomber son fonds, pourvu qu'elles se trouvassent à quinze pieds (4ᵐ45) au-dessus du sol [5]. Il fallait respecter de même les racines qu'un arbre étranger envoyait dans le champ contigu [6]. On ne pouvait pas davantage s'approprier les fruits tombés d'un arbre planté dans un terrain attenant, et le propriétaire de l'arbre était libre d'aller, dans les trois jours, les ramasser sur place [7]. Une règle pareille s'appliquait au gibier ; il était inter-

---

[1] *Digeste*, X, 3, 28 : « Sabinus ait in re communi neminem dominorum jure facere quicquam invito altero posse ; unde manifestum est prohibendi jus esse : in re enim pari potiorem causam esse prohibentis constat. »

[2] Institutes de Justinien, IV, 17, 6.

[3] Cicéron, *De legibus*, I, 21, 55; Hygin, p. 11 des *Gromatici* de Lachmann; Code théodosien, II, 26, 5.

[4] Siculus Flaccus dans les *Gromatici*, p. 152.

[5] Ulpien au *Digeste*, XLIII, 27, 1, 8 : « Lex XII tabularum efficere voluit ut quindecim pedes altius rami arboris circumcidantur : et hoc idcirco effectum est ne umbra arboris vicino praedio noceret. » Paulus, V, 6, 13 : « Arbor quae in alienas aedes imminet vel in vicini agrum nisi a domino sublucari non potest. »

[6] Pomponius au *Digeste*, XLVII, 7, 6, 2 : « Si arbor in vicini fundum radices porrexit, recidere eas vicino non licebit. »

[7] Pline, *Histoire naturelle*, XVI, 5, 15 : « Cautum est lege XII tabularum ut glandem in alienum fundum procidentem liceret colligere. » Ulpien au *Digeste*, XLVIII, 28, 1 : « Glandem quae ex illius agro in terram cadat, quominus

dit de pénétrer chez autrui pour y chasser, mais non pour y chercher l'animal qu'on avait tué [1]. Lorsqu'un champ était longé par un cours d'eau, il était loisible aux bateliers d'attacher leurs barques aux arbres de la rive et de déposer un fardeau sur les bords [2]. Le propriétaire, chez qui l'on avait indûment enseveli un cadavre, était fondé à réclamer des dommages-intérêts, mais pour enlever le corps qui faisait de sa terre un « locus religiosus, » il avait besoin de la permission des pontifes et de l'empereur [3]. Quand la voie publique était impraticable, chacun avait la faculté de passer avec ses bêtes de somme par où il voulait [4]. Il était défendu d'exécuter sur sa terre des travaux capables de modifier, au détriment du fonds inférieur, l'écoulement naturel des eaux pluviales ; on était même tenu de curer les fossés qui les déversaient plus bas. Le possesseur du fonds inférieur avait, de son côté, le devoir d'éviter tout acte qui aurait pour effet de refouler les eaux vers les terres d'amont [5]. Quant aux servitudes constituées de gré à gré, elles ne diminuaient le droit de propriété que dans la mesure où il plaisait à celui qui les avait consenties.

Sauf ces réserves, le propriétaire foncier était, à Rome, le maître absolu de son domaine. Sur cette terre que protégeaient à la fois une large bande inculte et une série de bornes sacrées [6], il était un véritable souverain [7]. Il la possédait

---

illi tertio quoque die auferre liceat vim fieri veto. » Le mot *glans* s'entendait de toute espèce de fruits (Gaius au *Digeste*, L, 16, 236, 1).

[1] Gaius au *Digeste*, XLI, 1, 1, 1 et 1, 3, 1 ; rescrit d'Antonin au *Digeste*, VIII, 3, 16.

[2] Institutes, II, 1, 4 : « Navem ad eas (ripas) appellere, funes ex arboribus ibi natis religare, onus aliquod in his reponere cuilibet liberum est. »

[3] *Digeste*, XI, 7, 2, 2 (Ulpien) ; XI, 7, 7 (Gaius) ; XI, 7, 8 (Ulpien).

[4] Loi des XII tables, VII, 7 : « Viam muniunto. Ni sane dilapidassent qua volet jumenta agito. » Cicéron, *Pro Caecina*, 19, 54 : « Si via sit immunita, jubet lex qua velit agere jumentum. »

[5] Ulpien au *Digeste*, XXXIX, 3, 1 : « Haec actio (aquae pluviae arcendae) locum habet.... cum quis manu fecerit quo aliter flueret quam natura soleret, si forte immittendo eam aut majorem fecerit aut citatiorem aut vehementiorem, aut si comprimendo redundare effecerit. » *Ibid.*, 3, 2, 4 (Paulus) : « Eam fossam ex qua ad inferiorem fundum aqua descendit, cogendum esse vicinum purgare. » *Ibid.*, 3, 1, 13 et 3, 2, 1 ; Frontin, p. 57 des *Gromatici*.

[6] Denys, II, 74 ; Festus, p. 560 ; *Gromatici veteres*, p. 350 ; Ovide, *Fastes*, II, 639 et suiv. ; Juvénal, XVI, 38.

[7] Le mot *mancipium* servait souvent à désigner le droit de propriété et la propriété elle-même (Lucrèce, III, 985 ; Cicéron, *Ad familiares*, VII, 29 ; Sénèque, *Epist.*, LXXII, 7).

comme on possède un objet qu'on a dans sa main, et son droit avait pour symbole la lance de guerre, l'instrument de la conquête [1]. Ce droit était presque indélébile. Si un immeuble tombait au pouvoir de l'ennemi et était ensuite recouvré par les Romains, il retournait à son ancien détenteur [2]. Pour cesser d'être propriétaire, il ne suffisait pas de le vouloir, il fallait encore faire un abandon formel de la chose [3], et certains jurisconsultes allaient jusqu'à prétendre que le lien n'était définitivement rompu qu'après la prise de possession par un tiers [4].

La faculté d'acquérir était illimitée. On a dit, il est vrai, que par la loi Licinia de l'année 367 av. J.-C., l'État avait essayé de restreindre l'étendue des propriétés individuelles [5]. Mais il paraît bien que cette loi visait uniquement les terres de l'*ager publicus* qu'occupaient les particuliers.

Le droit de propriété portait d'abord sur la superficie et l'on entendait par là non seulement la surface, mais encore tout ce qui adhérait à elle [6]. « La superficie, disait-on, suit le sol [7]. » En conséquence, le blé semé dans le terrain d'autrui, l'arbre planté et enraciné dans ce terrain, appartenait au propriétaire de l'immeuble. Bien plus, l'arbre dont les racines pénétraient dans le fonds limitrophe [8] devenait commun. Si je construisais un édifice chez moi avec les matériaux du voisin, l'édifice était à moi, mais en cas de démolition, les matériaux pouvaient être revendiqués par le voisin. Si, au contraire, je construisais chez le voisin avec mes propres matériaux, je n'avais pas plus de droits sur les matériaux que sur l'édifice [9].

Tout propriétaire foncier possédait également le sous-sol.

---

[1] Gaius, IV, 16.

[2] Pomponius au *Digeste*, XLIX, 15, 20, 1 : « Verum et expulsis hostibus ex agris quos ceperint dominia eorum ad priores dominos redire. »

[3] Ulpien au *Digeste*, XLI, 2, 17, 1 : « Dominium nihilominus ejus manet qui dominus esse non vult. » *Idem*, XLI, 7, 1 : « Si res pro derelicta habita sit, statim nostra esse desinit. »

[4] *Digeste*, XLI. 7, 2 : « Proculus ait non desinere eam rem (derelictam) domini esse, nisi ab alio possessa fuerit. »

[5] Tite-Live, VI, 45 ; Varron, I, 2, 9 ; Fustel de Coulanges, *Questions historiques*, p. 23, note 2.

[6] Paulus au *Digeste*, XLIV, 7, 44, 1.

[7] Gaius, II, 73 : « Superficies solo cedit. »

[8] Gaius au *Digeste*, XLI, 1, 7, 13 ; Pomponius, XLVII, 7, 6, 2 ; Institutes, II, 2, 3.

[9] Gaius au *Digeste*, XLI, 1, 7, 10 ; Code Justinien, III, 34, 2 ; Institutes, II, 1, 29, 30.

Pendant longtemps, la loi lui attribua, à l'exclusion de tout autre, le trésor découvert dans son terrain soit par lui-même, soit
par un tiers. Hadrien décida que l'objet serait partagé par moitié, si l'inventeur était un étranger ; et il en était encore ainsi
à l'époque de Justinien. Mais il fallait, dans ce cas, que la
découverte fût fortuite ; car nul n'avait le droit de pratiquer des
fouilles chez le voisin sans son consentement [1]. Les mines et
les carrières étaient pareillement le bien du propriétaire du sol
et lui seul avait qualité pour les exploiter et pour en permettre
l'exploitation. Néanmoins, il y avait des contrées où les usages
locaux autorisaient tout individu à extraire des pierres, moyennant le paiement d'une indemnité, et une constitution de l'année 382 généralisa cette règle, en fixant la redevance au dixième,
plus un second dixième pour le fisc [2].

Une propriété pouvait s'accroître sans que le propriétaire y
fût pour rien. Quand le courant d'une rivière déposait le long
d'une rive une parcelle de terrain, il y avait avulsion, et la parcelle n'était acquise au fonds qu'après un certain temps, notamment lorsque les arbres avaient pris racine. Si, au contraire, le
dépôt se faisait lentement, molécule par molécule, il y avait
alluvion et l'incorporation avait lieu, pour ainsi dire, à chaque
minute. L'île née dans un fleuve subissait un sort différent,
selon sa situation. Si elle était tout entière d'un côté de la ligne
médiane, elle était attribuée au propriétaire qu'elle avait en
face ; si elle était traversée par la ligne médiane, elle se partageait entre les propriétaires de l'une et l'autre rive, d'après le
tracé de cette ligne. Enfin, lorsqu'une rivière changeait de
cours, le lit délaissé passait aux riverains, lors même qu'ils en
étaient séparés par une route. Si, plus tard, la rivière rentrait
dans son ancien lit, la loi refusait le nouveau lit, désormais
desséché, à celui qui l'avait momentanément perdu ; mais il y a
apparence qu'en fait il le recouvrait [3].

[1] Spartien, IV. « De thesauris ita cavit ut, si quis in suo repperisset, ipse
potiretur, si quis in alieno, dimidium domino daret. » Code Justinien, X, 15,
1 (loi de 474); Institutes, II, 1, 39. Une loi de 380 n'accorde que le quart au
propriétaire (Code Théodosien, X, IV, 2).

[2] Ulpien au *Digeste*, VIII, 4, 13, 1 ; Code Justinien, XI, 7, 3.

[3] Gaius, II, 70-72; Gaius au *Digeste*, XLI, 1, 7, 1-5; Alfeius Varus, *Digeste*,
XLI, 1, 38 ; Paulus au *Digeste*, XLI, 1, 29; Institutes, II, 1, 20-23. Le droit
d'alluvion n'existait pas sur les bords des lacs et des étangs (*Digeste*, XLI, 1,
12).

Il était naturel que le propriétaire eût droit aux fruits de son champ ; car c'est là ce qui donne à la propriété toute sa valeur. Les jurisconsultes romains s'efforcèrent de justifier ce droit, qui n'en avait guère besoin, en alléguant que les fruits étaient « une partie du fonds » et formaient corps avec lui [1]. « Ce n'est pas, disaient-ils, parce qu'on a semé le grain qu'on récolte le blé, c'est parce qu'on possède la terre [2]. » Il en résultait que le propriétaire était maître des produits spontanés du sol, même de ceux dont il avait pu longtemps ignorer l'existence, comme les substances tirées des carrières et des mines [3]. On alla plus loin et on étendit la notion de fruit à des choses qui ne provenaient du sol que d'une façon très indirecte, par exemple le gibier, le poisson et le miel [4], et on reconnut le même caractère aux loyers et fermages [5].

Le droit de propriété était garanti à la fois par la loi civile et par la loi pénale.

La sanction civile par excellence était l'action en revendication. Primitivement, on l'intentait par la voie du *sacramentum*. Chaque partie affirmait solennellement son droit et présentait ses preuves à l'appui ; chacun aussi versait ou promettait de verser une certaine somme d'argent à titre d'enjeu. La partie condamnée perdait, avec l'objet litigieux, le montant de sa consignation. C'était une véritable amende que le juge lui infligeait au bénéfice du trésor public. Dans la suite, et dès avant l'époque de Cicéron, on imagina la procédure de la *sponsio*. Elle se distinguait de la précédente par deux traits : d'abord le demandeur était seul astreint à prouver le bien fondé de sa prétention et, en second lieu, l'enjeu était purement fictif. Enfin, sous l'Empire, on avait recours ordinairement à la formule pétitoire. Ici, comme dans la *sponsio*, c'était au demandeur qu'incombait le fardeau de la preuve. Si le défendeur était condamné, il devait

---

[1] Gaius au *Digeste*, VI, 1, 44 : « Fructus pendentes pars fundi videntur. » Pomponius au *Digeste*, XIX, 1, 40 : « Arborum, quae in fundo continentur, non est separatum corpus a fundo. »

[2] Julianus au *Digeste*, XXII, 1, 25 : « Omnis fructus non jure seminis sed jure soli percipitur. »

[3] Paulus au *Digeste*, L, 16, 77.

[4] *Digeste*, XXII, 1, 26 : « Fructus fundi ex venatione ; » XXXIII, 7, 10 : « Si reditus in melle constat; » VII, 1, 9, 5 : « Venationum reditum.... et piscationum. »

[5] Ulpien au *Digeste*, X, 3, 29 ; Paulus au *Digeste*, VII, 1, 59, 1.

payer la valeur de la chose, telle que l'avait estimée le demandeur, à moins qu'il aimât mieux restituer la chose elle-même [1].

Quand le débat avait pour objet, non plus le droit de propriété, mais l'exercice d'un droit de servitude, le propriétaire de l'immeuble était protégé par l'action négatoire, et dans ce cas, les trois procédés qui viennent d'être énumérés furent également de mise. S'il triomphait, le juge ne se contentait pas de décider que la servitude n'existait point et de prescrire, au besoin, que les choses fussent rétablies dans leur état antérieur : il exigeait encore de l'adversaire qu'il s'engageât, sous caution, à ne plus troubler le propriétaire.

Parmi les délits contre la propriété foncière, il y en avait qui donnaient lieu simplement à des réparations pécuniaires. Ainsi, celui qui empiétait sur la bordure de cinq pieds intercalée entre lui et son voisin, s'il refusait de supprimer l'arbre ou la construction qu'il y avait placés, était assujetti à des dommages-intérêts [2]. Celui qui modifiait l'écoulement normal des eaux de pluie était responsable des dégâts qui en résultaient [3], et on pouvait l'obliger à détruire les travaux qu'il avait exécutés, avant même qu'il ne fût causé aucun préjudice [4]. Si un animal pénétrait à l'insu de son maître dans le champ d'autrui, et le ravageait, le maître devait faire l'abandon total ou indemniser le propriétaire du champ [5].

Dans une foule de circonstances, la loi prévoyait une amende ou un châtiment corporel. A l'origine, le déplacement et l'enlèvement des bornes étaient des sacrilèges punissables de mort [6]. Plus tard, on n'édicta que des peines laïques lesquelles, aux iie et iiie siècles de notre ère, étaient les travaux forcés à temps pour

<hr>

[1] Gaius, IV, 13, 17, 91-94 ; Pellat, *Principes généraux du droit romain sur la propriété*, p. 26 et suiv. ; Voigt, *Die XII Tafeln*, p. 74 ; Accarias, II, p. 813-817, p. 947 et suiv. ; Girard, p. 323-332 ; Cuq, I, p. 409-415 ; II, p. 254, 258.

[2] Paulus au *Digeste*, X, 1, 4, 3.

[3] Loi des XII tables, VII, 8 : « Si aqua pluvia nocet.... » Paul au *Digeste*, XLIII, 8, 5 : « Si per publicum locum rivus aquaeductus privato nocebit, erit actio privata ex lege XII tabularum, ut noxa domino sarciatur. » Il est clair que cette règle n'était pas spéciale aux *loci publici*.

[4] Ulpien au *Digeste*, XXXIX, 3, 1, 1 et 2 ; 3, 6, 6 et 7.

[5] Ulpien au *Digeste*, IX, 1, 1 : « Si quadrupes pauperiem fecisse dicitur.... lex (XII tabularum) voluit aut dari id quod nocuit.... aut aestimationem noxiae offerri. »

[6] Denys, II, 74 ; Festus, p. 560 : « Numa Pompilius statuit eum qui terminum exarasset, et ipsum et boves sacros esse. »

les esclaves et les petites gens, la relégation, c'est-à-dire l'internement dans une île, et la confiscation partielle pour les personnes d'un rang élevé [1]. L'emploi de la magie, à l'effet d'attirer sur son champ la récolte d'un autre, tombait sous le coup de la loi [2]. L'incendie involontaire d'une maison, d'une vigne ou d'un arbre fruitier n'entraînait que la réparation du dommage [3]. S'il y avait eu préméditation, on infligeait au coupable, suivant sa condition sociale, la relégation ou le travail des mines [4]. On traitait de même, sous l'Empire, l'homme qui nuitamment coupait les arbres fruitiers du voisin [5]. D'après la loi des XII tables, on pendait celui qui, la nuit, fauchait une moisson ou la faisait manger par son bétail [6]. Quiconque mutilait un arbre ou un pied de vigne, s'exposait à une amende de 25 as [7]. S'il l'abattait, il en remboursait deux fois la valeur, et s'il cherchait à se l'approprier, il était inculpé de vol [8]. La loi Aquilia punissait, d'une façon générale, le délit qui consistait à anéantir ou à détériorer une chose, et elle en condamnait l'auteur à payer le plus haut prix que la chose avait eu pendant le mois antérieur [9]. On peut citer à titre d'exemple le fait de récolter avant maturité le blé, les raisins ou les olives d'autrui, de semer dans son champ de mauvaises graines pour gâter sa moisson, de répandre ou d'altérer son vin et son vinaigre, de mêler du sable à son blé [10]. Du dernier siècle de la République datent plusieurs dispositions légales destinées à réprimer les violences dont les propriétaires étaient victimes. L'édit du préteur les frappa de la peine du quadruple [11], et César, renchérissant encore, décida que le tiers

---

[1] *Lex Manilia* (*Gromatici*, p. 263) ; *Lex coloniae Genitivae Juliae*, 103 ; *Digeste*, XLVII, 21, 2, 3 ; Paulus, V, 22, 2.

[2] Loi des XII tables, VIII 8ª : « Qui fruges excantassit.... » — « Neve alienam segetem pellexeris. » Pline, XVIII, 6, 41.

[3] Paulus, V, 20, 3.

[4] *Id.*, V, 20, 5.

[5] *Id.*, V, 20, 6.

[6] Pline, XVIII, 3, 12.

[7] *Id.*, XVII, 1, 7 ; Gaius, IV, 11.

[8] Paulus, II, 31, 24 ; *Digeste*, XLVII, 7, 8, 2 ; IX, 2, 27, 26 ; XLVII, 2, 25, 2.

[9] Gaius, II, 217, 218 ; Ulpien au *Digeste*, IX, 2, 1 ; 2, 27, 5. M. Girard place le vote de la loi Aquilia entre le milieu du vᵉ siècle avant Jésus-Christ et le milieu du IIᵉ ; mais plus près de la seconde époque que de la première (p. 398). Voigt le fait remonter jusqu'à l'année 287 (*Römische Rechtsgeschichte*, I, p. 69).

[10] *Digeste*, IX, 2, 27, 14 ; 27, 15 ; 27, 20 ; 27, 25.

[11] Ulpien au *Digeste*, XLVII, 8, 2, 13 : « In hac actione intra annum utilem verum pretium rei quadruplatur. » Level, *L'édit perpétuel*, p. 187. L'innovation est de l'année 76 ou 75 avant Jésus-Christ (Girard, p. 402, note 1).

des biens serait confisqué et l'homme relégué ou, s'il était pauvre, envoyé aux mines [1]. Quand l'attentat avait été l'œuvre d'un rassemblement armé, il y avait bannissement avec perte du droit de cité et des biens [2]. L'empereur Constantin inscrivit la peine de mort dans une loi de 317, mais pour revenir aussitôt à la déportation, aggravée de la confiscation totale [3].

Lorsqu'un propriétaire mourait, la loi s'occupait de régler le sort de ses biens. Deux principes étaient ici en conflit : d'une part la règle archaïque qui voulait que le patrimoine fût immobilisé dans la famille, d'autre part celui qui voulait en laisser la libre disposition au possesseur.

La loi des XII tables distinguait trois ordres de successibles [4], d'abord les « héritiers siens » (*heredes sui*), c'est-à-dire les personnes qui étaient sous la puissance du défunt au moment de sa mort : les enfants donnés par la nature ou adoptifs, la femme *in manu* et les petits enfants dont le père était prédécédé ou émancipé. Entre ces individus et le chef de famille, il existait déjà une sorte de copropriété; par conséquent, lorsqu'ils recueillaient l'héritage, ils ne faisaient guère qu'hériter d'eux-mêmes [5]. Ils n'avaient pas besoin de déclarer qu'ils acceptaient la succession et ils n'avaient pas la faculté de la répudier; elle leur était déférée nécessairement et de plein droit [6]. A défaut d'héritiers siens, elle passait aux agnats, c'est-à-dire aux collatéraux parents du défunt par les hommes. Il est possible qu'originairement tous les agnats fussent appelés, mais dans les XII tables, les plus proches en degré excluaient les suivants. Enfin, s'il n'y avait point d'agnats, les biens allaient à la *gens*, prise

---

[1] *Digeste*, XLVIII, 7, 1 : « De vi privata damnati pars tertia bonorum ex lege Julia (de l'année 46 av. J.-C.) publicatur. » Paulus, V, 26, 3 : « Si honestiores sunt, tertia pars bonorum eripitur et in insulam relegantur; humiliores in metallum damnantur. »

[2] *Digeste*, XLVIII, 6, 3, 6 : « Eadem lege (Julia *de vi publica*), qui hominibus armatis possessorem domo agrove suo dejecerit, expugnaverit. » *Ibid.*, 6, 10, 2 : « Damnato de vi publica aqua et igni interdicitur. » Gaius, I, 128; Ulpien au *Digeste*, XXXII, 1, 2; Gaius au *Digeste*, XXXVIII, 1, 8, 1.

[3] Code Théodosien, IX, 10, 2 : « Si quis per violentiam alienum fundum invaserit, capite puniatur » (loi de 317); 10, 3 (loi de 319).

[4] Gaius, III, 1 et suiv.

[5] Gaius, II, 157 : « Sui quidem heredes ideo appellantur quia domestici heredes sunt et vivo quoque parente quodam modo domini existimantur. » Paulus, IV, 8, 6 : « In suis heredibus a morte testatoris rerum hereditariarum dominium continuatur. »

[6] Gaius, II, 157 : « Sive velint, sive nolint.... heredes fiunt. »

en bloc, puis aux différents membres qui la composaient.

Dans la suite le cercle des successibles fut peu à peu élargi. On y admit les enfants émancipés, les agnats de tout rang, les *cognati* les plus proches, l'époux survivant, la mère, les enfants (pour les biens de la mère). Néanmoins, ces innovations maintinrent le principe ancien que l'hérédité ne devait pas sortir de la famille ; c'est au profit de la parenté que se fit toujours la dévolution du patrimoine.

Parallèlement à ce système, se développa la succession testamentaire. Il est malaisé de suivre dans les textes les étapes qui conduisirent les Romains à la liberté de tester. Peut-être n'accorda-t-on d'abord au père que la faculté d'instituer un héritier unique, choisi obligatoirement dans la famille, parmi ceux qui le touchaient le plus près. Peut-être aussi eut-il de bonne heure le droit de déterminer à son gré les parts de ses héritiers légitimes. Quoi qu'il en soit, il arriva un moment où le père fut autorisé à transmettre ses biens à qui il voulait, même à un étranger, pourvu qu'il réservât au successible qui n'avait pas démérité une part raisonnable que la jurisprudence évalua au quart de ce que ce dernier aurait eu *ab intestat* [1]. Une restriction pareille fut apportée aux legs par la loi Falcidia [2]. La prérogative du testateur allait jusqu'à pouvoir désigner une série d'héritiers éventuels, pour le cas où le premier inscrit manquerait, et si l'héritier était impubère, elle allait jusqu'à pouvoir désigner l'héritier de celui-ci, pour le cas où il mourrait avant l'âge de la puberté [3]. En même temps, les formes du testament se multipliaient. Au testament comitial qui réclamait la sanction du peuple réuni dans les comices curiates, se substitua le testament *per aes et libram* qui n'était plus qu'une vente fictive, c'est-à-dire un acte privé. Cet acte, assez compliqué dans le principe, devint de plus en plus libre et finit par n'être qu'une déclaration de volontés écrite ou verbale, publique ou secrète et toujours susceptible d'être révoquée intégralement ou modifiée par un codicille. Le disposant trouva même un moyen d'éluder les dispositions légales dans le fidéicommis qui, à partir d'Auguste, reçut

---

[1] Pline, *Ep.*, V, 1, 9 : Institutes, II, 8, 6.

[2] Gaius, II, 224-227 ; Institutes, II, 22 ; Paulus au *Digeste*, XXXV, 2, 1.

[3] C'est ce qu'on appelait la substitution vulgaire et la substitution pupillaire (Gaius, II, 174 et 179 ; Institutes, II, 15 et 16).

force exécutoire. Toutes ces facilités eurent pour effet de multiplier les testaments. Très rares à l'époque où le peuple ne s'assemblait que deux fois par an pour les confirmer, ils furent ultérieurement si nombreux qu'une succession *ab intestat* paraissait presque une anomalie [1], en sorte que, dans la pratique, ce qui régissait la dévolution des biens, c'était moins la loi que le caprice individuel.

Le chef de famille pouvait renoncer, de son vivant, à son droit de propriété et le transférer sur la tête d'autrui. Sans doute, l'opinion publique voyait, en général, d'un mauvais œil l'homme qui aliénait son patrimoine, surtout quand il y était forcé par son inconduite [2], et il est possible qu'il y ait eu là une lointaine réminiscence du temps de la propriété familiale; mais l'acte n'entrainait qu'une flétrissure morale, et la loi ne songeait pas à le prohiber. Elle n'intervenait, en cette matière, que pour protéger les droits d'un tiers, par exemple le droit de la femme, des enfants mineurs, des créanciers, du fisc [3], et aussi pour prémunir le prodigue contre ses propres excès [4]. Toute clause d'inaliénabilité inscrite dans une convention était nulle [5] et, si elle figurait dans un testament, il fallait, pour qu'elle fût valable, que le testateur en indiquât les motifs [6] : preuve qu'on la regardait comme anormale.

Les Romains connaissaient la donation à cause de mort, telle que la définit Justinien. « Quelqu'un donne de manière que, s'il lui arrive malheur, la chose demeure au donataire et que, par contre, elle revienne au donateur, s'il survit ou s'il regrette sa générosité, ou si le donataire décède le premier [7]. »

La donation entre vifs avait souvent la forme d'une fondation, et, dans ce cas, le donateur y insérait toutes les stipulations qu'il lui plaisait [8]. Depuis la loi Cincia, les libéralités ordinaires ne devaient pas, parfois, dépasser un certain taux [9]. Entre

---

[1] May. *Éléments de droit romain*, p. 466 (7ᵉ édit.).
[2] Cicéron, *De Oratore*, II, 55, 224. Asconius, p. 84.
[3] Cuq, II, 236.
[4] Girard, p. 216 et suiv.
[5] Pomponius au *Digeste*, II, 14, 61.
[6] *Digeste*, XXX, 114, 14.
[7] Institutes, II, 7, 1.
[8] Exemples, *C. I. L.*, V, 4489; VI, 10239.; X, 1579, 1880.
[9] Ulpien au *Digeste*, 1.

époux, les donations étaient interdites [1]. En revanche, il était
usuel, et peut-être il fut obligatoire, sous l'Empire, de doter les
filles [2] ; la dot était tantôt abandonnée définitivement au mari,
tantôt placée entre ses mains pour servir aux dépenses communes
et être restituée à la femme, lors de la dissolution de l'union con-
jugale. Il semble qu'elle ait longtemps consisté en objets mobi-
liers [3]. Mais, dès l'époque de Cicéron, elle pouvait comprendre
des immeubles [4].

La terre était vendue anciennement par voie de *mancipatio*.
Il fallait se transporter sur les lieux avec cinq témoins, pronono-
cer certaines paroles sacramentelles et payer comptant le prix
d'achat avec du cuivre brut, que pesait le *libripens*. Ces conditions étaient de nature à gêner les transactions ; aussi furent-
elles amendées au cours des âges. Quand il y eut des lingots
estampillés par l'État, et surtout des monnaies officielles, on
n'exigea plus le versement immédiat du prix. On cessa également de se rendre sur l'immeuble, et il suffit qu'il fût représenté
devant les parties par une motte de terre. A la longue, enfin, on
aboutit à la vente ou un simple accord sur l'objet, et le prix en-
gendra le transfert du droit de propriété. Toutes ces facilités
favorisèrent de plus en plus les aliénations, et nous voyons
qu'elles étaient déjà fréquentes dans les deux derniers siècles
de la République [5].

Le contrat de prêt avait souvent sa répercussion sur les biens.
Pendant plusieurs siècles, le créancier eut pour unique garantie
la personne de son débiteur : celui-ci engageait alors non pas
son avoir, mais son corps, c'est-à-dire sa liberté, et même, à
l'occasion, sa vie. Plus tard, on imagina les sûretés réelles. La
première, appelée la *fiducia*, consistait à céder la propriété d'un
objet au prêteur, sous réserve qu'après le remboursement de la
dette, le dernier le rétrocéderait à l'emprunteur [6]. La deuxième,

[1] Ulpien au *Digeste*, VII, 1 : « Inter virum et uxorem donatio non valet
nisi certis ex causis. »

[2] Gide, *Étude sur la condition de la femme* (2ᵉ édit.), p. 134.

[3] Dans Plaute, les dots sont généralement en argent (*Cistellaria*, 287, 288 ;
Trinummus, 1100-1101 ; 1142-1143 ; *Truculentus*, 794). Pourtant dans le *Trinummus*, 508-509, il est question d'un *ager* dotal.

[4] Cicéron, *ad Attic.*, XV, 20, 4 : « Dotalium praediorum. » Une loi d'Auguste
parlait du *Praedium dotale* (Paulus, X, 21ᵇ, 2).

[5] Caton, *De agricultura*, 1, 4 ; Cicéron, *pro Balbo*, 25, 56 : « Illud nesciebat....
ea (praedia) solere saepe ad alienos homines.... pervenire. »

[6] Isidore de Séville, *Origines*, V, 23 : « Fiducia est cum res aliqua sumendae

plus récente, était le contrat de gage. Cette fois, le débiteur restait propriétaire de la chose et en abandonnait seulement la jouissance [1]. Dans cette combinaison, les droits du créancier étaient moindres que dans la précédente, puisqu'il lui était défendu de vendre l'objet qu'il détenait, même au lendemain de l'échéance. Mais quand cette permission lui eut été accordée, ils furent à peu près pareils, sinon en théorie, du moins en réalité [2]. Par contre, on finit par trouver que ceux du débiteur étaient trop sacrifiés, et, sous l'Empire, on adopta l'hypothèque [3]. Ce procédé avait pour effet d'affecter un immeuble à la garantie d'une créance, mais en le laissant entre les mains du débiteur jusqu'à la date fixée pour le paiement. Si, à ce moment, le créancier ne rentrait pas dans ses fonds, il se l'appropriait ou le vendait, à son choix, dans la mesure requise pour l'extinction de la dette. Comme on voit, l'exécution sur les biens revêtait trois formes de rigueur variable ; mais toutes entraînaient l'aliénation forcée de la propriété, et, à ce titre, elles concouraient, avec la vente, à mobiliser le sol. Or, la loi n'apportait aucun obstacle, soit à la conclusion d'un contrat de *fiducia* ou de gage, soit à la constitution d'une hypothèque, et il est visible que les Romains usèrent de plus en plus largement de cette triple faculté.

Il n'est pas de peuple chez qui le droit de propriété individuelle ait été organisé avec plus d'énergie qu'à Rome. Ce droit, tel qu'on l'entendait alors, comportait l'*usus*, c'est-à-dire le droit de jouir de la chose, le *fructus*, c'est-à-dire le droit d'en recueillir les fruits, et l'*abusus*, c'est-à-dire le droit d'en disposer souverainement [4], même de l'aliéner et de l'anéantir. Si puissant que fût l'État, il n'avait aucun pouvoir sur la terre du citoyen et celui-ci agissait à sa guise dans ce domaine où il était presque son roi. Cette conception devait s'atténuer dans l'Europe du moyen âge et de l'ancien régime ; mais depuis la Révolution,

mutuae pecuniae gratia, vel mancipatur vel in jure ceditur. » Boèce, *In Ciceronis Topica*, X, 41 : « Fiduciam accessit cuicumque res aliqua mancipatur ut eam mancipanti remancipet. » Exemple d'un contrat pareil dans *C. I. L.*, IV, suppl. CLV.

[1] Isidore, V, 22 : « Pignus est quod propter rem creditam obligatur, cujus rei possessionem solam ad tempus consequitur creditor ; dominium penes debitorem est. »

[2] May, *op. cit.*, p. 450-451.

[3] Sur la date, voir Girard, *op. cit.*, p. 744, note 3.

[4] Girard, *op. cit.*, p. 245.

elle a reparu dans nos lois. Le Code civil en est tout imprégné, et encore aujourd'hui, elle garde tout son empire, malgré les attaques du socialisme. A cet égard, c'est toujours la tradition romaine qui nous gouverne.

LA POSSESSION

Il existait à Rome, sous le nom de *possessio*, un état de choses qui, tout en étant un simple fait, engendrait, en matière de propriété, un certain droit [1]. Il arriva même un moment, et cela avant Cicéron, où la loi reconnut expressément le droit de possession [2] (*jus possessionis*), comme elle reconnaissait le droit de propriété.

Pour qu'il y eût possession, deux conditions étaient nécessaires, le *corpus* et l'*animus*.

On entendait par *corpus* le contact physique avec un objet susceptible d'être approprié. Par suite, l'objet devait être un objet matériel qui tombât sous le sens [3] : une créance, par exemple, ne comportait pas la possession, et ce fut à une époque assez tardive qu'on admit une quasi-possession pour les servitudes, en considération du lien étroit qui les rattachait aux immeubles [4]. Quant au contact, on n'exigeait pas qu'il se produisît avec toutes les parties de la chose : il suffisait d'en appréhender une portion quelconque. « Celui, dit Paulus, qui veut prendre possession d'un domaine, n'a pas besoin de le parcourir en entier, il n'a qu'à entrer dans la parcelle qu'il lui plaît [5]. » On alla plus loin et on déclara qu'un simple regard aurait la même efficacité. « Si un vendeur, ajoute Celsus, me montre du haut de ma tour une terre voisine et me notifie qu'il me la livre, j'en deviens le possesseur comme si j'y avais mis les pieds [6]. »

---

[1] Savigny, *Traité de la possession en droit romain* (trad. Staedtler), p. 21.

[2] Cicéron, *Pro Caecina*, 12, 35 : « Actio injuriarum non jus possessionis adsequitur. » Ulpien au *Digeste*, XLIII, 8, 2, 38 ; Marcianus, XLVIII, 6, 5, 1.

[3] Paulus au *Digeste*, XLI, 2, 3 : « Possideri autem possunt quae sunt corporalia. »

[4] *Digeste*, VIII, 1, 20 ; 5, 10.

[5] *Digeste*, XLI, 2, 3, 1 : « Non utique ita accipiendum est ut qui fundum possidere velit, omnes glebas circumambulet, sed sufficit quamlibet partem ejus fundi introire. »

[6] *Ibid.*, XLI, 2, 18, 2 : « Si vicinum mihi fundum mercato venditor in mea turri demonstret, vacuamque se possessionem tradere dicat, non minus possidere coepi quam si pedem finibus intulissem. »

L'*animus* était l'intention de se conduire à l'égard de l'objet
de la même façon qu'un propriétaire. Mais ici il est indispensable de faire une réserve. L'*animus* ne saurait être la volonté
purement subjective de l'individu, sans quoi il aurait dépendu
de chaque particulier de décider s'il était ou non possesseur.
Dans cette hypothèse, le dépositaire n'aurait eu qu'à s'attribuer
l'*animus*, pour avoir sur le dépôt un droit que la loi romaine
lui a toujours dénié. Bien plus, un homme aurait pu, en modi-
fiant sa volonté, tantôt être possesseur, tantôt ne l'être point,
ce qui n'est pas moins absurde. Aussi Jheringh a-t-il raison de
restreindre la notion de l'*animus* [1]. Il pose en principe que
« la volonté subjective était impuissante vis-à-vis de la règle
objective du droit, » et il en conclut que l'*animus* n'avait sa
vertu que dans les cas autorisés par la loi [2].

Parmi les preuves de cette vérité qui se rencontrent dans le
Digeste, je n'en citerai que trois. Un jurisconsulte prévoit telle
circonstance où une personne ignore si elle possède [3]. Or cette
espèce serait impossible si la possession avait pour unique fon-
dement l'*animus*, car comment concevoir qu'un homme ignore
s'il possède, du moment que c'est sa volonté qui le rend possesseur ? — Un mandataire reçoit un objet pour autrui ; mais il
veut l'acquérir pour lui-même. Il n'en acquiert cependant que
la détention, d'après Ulpien, « bien que sa volonté soit dirigée
vers la possession [4]. » — Labéon examine la situation de l'individu qui, ayant hérité d'un fermier, ne connait pas l'existence
du bail et s'empare du fonds, dans la persuasion qu'il appartenait à son auteur. Si l'on appliquait la règle de l'*animus*, il
devrait être possesseur. Or Labéon estime qu'il n'est que détenteur et que le possesseur est le maître de l'immeuble [5].

En définitive, c'était la loi qui déterminait les cas où l'*animus*
donnait droit à la possession, et ces cas étaient ceux du créancier gagiste, du séquestre, du précariste, du locataire des terres
publiques, de l'emphytéote. On rangeait dans la même catégorie
non seulement le possesseur de bonne foi, c'est-à-dire l'homme
qui, en toute sincérité, se croyait propriétaire, sans l'être léga-

---

[1] Jheringh, *Du rôle de la volonté dans la possession* (trad. fr.), p. 12.
[2] *Ibid.*, p. 303-305.
[3] Tertullianus au *Digeste*, XLI, 2, 28 ; Jheringh, *op. cit.*, p. 301.
[4] Ulpien au *Digeste*, XXXIX, 5, 13 ; Jheringh, p. 293.
[5] *Digeste*, XIX, 2, 60, 1 ; Jheringh, p. 294-295.

lement, mais encore le possesseur de mauvaise foi, tel que
l'usurpateur et le voleur. Quant au simple locataire ou dépositaire, il avait beau avoir l'*animus*, en d'autres termes, l'intention
bien arrêtée d'agir en propriétaire, il était un simple détenteur,
ou, s'il possédait, c'était pour celui qui lui avait remis l'objet [1].

La destruction de l'objet supprime forcément la possession.
Mais en dehors de ce cas, pour la perdre, il faut le vouloir. C'est
la remarque d'Ulpien [2], et elle montre qu'ici l'élément capital
est l'*animus*. La renonciation à l'*animus*, n'a pas besoin d'être
manifestement déclarée, comme quand on vend une chose. Elle
peut être présumée, soit qu'elle résulte des circonstances, soit
qu'elle ait été imposée. J'abandonne mon champ au point de n'y
accomplir jamais aucun acte de possession. Il n'y a plus évidemment de *corpus*, mais il n'y a pas davantage d'*animus*; car
ma négligence prolongée est l'indice que j'ai le dessein de me
dépouiller [3]. Si un individu profite de mon absence pour s'éta-
blir sur la terre que je possède, et si, à mon retour, je m'abs-
tiens de toute démarche pour la recouvrer, je suis censé n'avoir
plus l'*animus*, et par conséquent, je la perds. Que si mon inac-
tion est l'effet de la peur, la solution est pareille, puisque mon
animus s'est effacé devant le souci de ma sécurité [4].

La persistance de l'*animus* suffit, à elle seule, pour empêcher
la dépossession [5]. Un homme va au marché voisin, et aussitôt
un intrus envahit son fonds; le premier n'en garde pas moins
tous ses droits parce qu'il est indubitable, malgré l'interruption
du *corpus*, qu'il n'a pas abdiqué l'*animus* [6]. Les pâturages de
plaine et de montagne qui, dans les pays de transhumance,
sont occupés alternativement pendant l'hiver ou pendant l'été,
n'échappent pas au possesseur; car s'il les délaisse périodique-

---

[1] Girard, *op. cit.*, p. 257.

[2] *Digeste*, XLI, 2, 17, 1.

[3] Gaius au *Digeste*, XLI, 3, 37, 1 : « Fundi quoque alieni potest aliquis sine
vi nancisci possessionem quae vel ex negligentia domini vacet.... vel quia
dominus longo tempore afuerit. »

[4] Paulus au *Digeste*, XLI, 2, 3, 8 : « Si quis nunciet domum a latronibus
occupatam et dominus timore conterritus noluerit accedere, amisisse eam
possessionem placet. » XLI, 2, 7 : « Si nolit in fundum reverti quod vim majorem vereatur, amisisse possessionem videbitur »

[5] Code Justinien, VII, 32, 4 : « Licet possessio nudo animo adquiri non
possit, tamen solo animo retineri potest » (année 290).

[6] Ulpien au *Digeste*, XLI, 2, 6, 1 : « Retinet possessionem is qui ad nun-
dinas abiit. »

— 22 —

ment, c'est avec le ferme propos d'y revenir [1]. Un esclave ou un individu quelconque que j'ai établi en mon lieu et place sur mon immeuble s'enfuit ou meurt ; le *corpus* par là disparaît ; mais je n'en demeure pas moins possesseur, si mon *animus* ne disparaît pas [2].

Lorsqu'une personne était troublée dans sa possession, elle s'adressait au préteur et celui-ci signifiait à l'adversaire l'injonction de faire ou de ne pas faire telle chose ; c'est ce qu'on appelait un *interdit*. Si cette sommation était obéie, le litige prenait fin : si elle ne l'était pas, le préteur renvoyait les parties devant le tribunal compétent. Cette procédure fut imaginée, semble-t-il, parce que, dans le principe, la possession n'était pas un droit, que, par suite, elle ne pouvait donner lieu à une action, et que pourtant, il importait à l'ordre public qu'elle fût protégée [3].

Les interdits possessoires se divisaient en deux classes : les interdits conservatoires (*retinendae possessionis*), et les interdits récupératoires (*recuperandae possessionis*).

Si les interdits étaient destinés surtout à garantir la possession, il est visible que les propriétaires pouvaient aussi les invoquer ; ils procuraient au droit de propriété un surcroit de protection et complétaient pour lui l'action en revendication.

DE L'APTITUDE AU DROIT DE PROPRIÉTÉ FONCIÈRE

C'était une règle générale dans l'antiquité que la qualité de citoyen conférait seule l'aptitude à posséder le sol. Les jurisconsultes romains proclament ce principe [4], et nous voyons qu'à l'époque de Cicéron, pour contester à un individu le droit d'hériter d'un fonds de terre, il suffisait de prouver qu'il n'avait pas le droit de cité [5].

---

[1] Paulus au *Digeste*, XLI, 2, 3, 11 : « Saltus hibernos aestivosque animo possidemus, quamvis certis temporibus eos retineamus. » Ulpien au *Digeste*, XLIII, 16, 1, 25 : « Quod volgo dicitur aestivorum hibernorumque saltuum nos possessiones animo retinere, id, exempli causa, didici Proculum dicere : nam ex omnibus praediis, ex quibus non hac mente recedemus ut amisisse possessionem vellemus, idem est. »

[2] Proculus au *Digeste*, IV, 3, 31 : « Cum quis persuaserit familiae meae ut de possessione decedat, possessio quidem non amittitur. » Pomponius au *Digeste*, XLI, 2, 25, 14 ; Africanus, *ibid.*, 40, 1.

[3] Cuq, *op. cit.*, II, 216, note 3.

[4] Gaius dit des temps anciens : « Aut enim ex jure Quiritium unusquisque dominus erat, aut non intelligebatur dominus » (II, 40).

[5] Cicéron, *Pro Caecina*, 7, 18.

Pendant longtemps, le droit de cité fut le privilège exclusif des patriciens ; c'est donc à eux que la propriété foncière était réservée. Ceux mêmes qui venaient de l'étranger, s'ils étaient admis au nombre des citoyens, étaient admis d'emblée au nombre des propriétaires [1]. Les clients ne se rattachaient au corps politique que d'une façon très indirecte ; leurs droits n'étaient, pour ainsi dire, qu'un reflet des droits de leur patron, et ils étaient beaucoup plus étroits puisque, dans l'assemblée, le client ne pouvait pas voter contre son maître [2]. Aussi n'était-il propriétaire que par le bon vouloir de ce dernier ; c'est de lui qu'il recevait son lot, non pas à titre définitif, mais à titre temporaire et comme un bienfait toujours révocable.

En dehors des *gentes* patriciennes, se constitua peu à peu la plèbe, formée d'esclaves affranchis, de clients libérés de leurs liens, d'immigrants volontaires, d'étrangers transférés à Rome, après l'annexion d'une cité voisine, mais exclus du patriciat. Ces hommes étaient originairement privés du droit de cité et, par suite, la propriété foncière leur était interdite. Peut-être obtenaient-ils quelques parcelles des patriciens [3] et, dans ce cas, il est probable qu'ils tombaient dans la clientèle. Peut-être encore en obtenaient-ils de l'État, au même titre que les clients de la part des patriciens, c'est-à-dire sous la réserve que la concession ne durerait qu'autant qu'il plairait à l'État [4]. On n'aperçoit pas, en effet, que la plèbe ait pu avoir d'autres moyens d'existence, puisque l'industrie libre était alors rudimentaire et que la puissante *gens* patricienne n'avait guère besoin d'ouvriers agricoles.

Ce fut seulement quand ils eurent le droit de cité que les plébéiens eurent accès à la propriété foncière. Par malheur, nous ignorons à quel moment ce droit leur fut communiqué. Il semble toutefois que la réforme militaire de Servius Tullius leur en ait assuré l'acquisition. A Rome, il y eut toujours identité entre

---

[1] Voir par exemple Tite-Live, II, 16 (à propos d'App. Claudius) : « Civitas data agerque trans Anienem. »

[2] Denys, II, 10 : « Ψῆφον ἐναντίαν ἐπιφέρειν. »

[3] Festus dit des patriciens : « Agrorum partes adtribuerant tenuioribus » (p. 321).

[4] Peut-être y a-t-il une allusion à cela dans cette phrase de Cassius Hencina : « Quicumque propter plebitatem agro publico ejecti sunt. » (Nonius, p. 156.)

le citoyen et le soldat légionnaire [1]. Par conséquent, du jour
où le plébéien fut légionnaire, il fut pareillement citoyen. Dès
lors aussi, il put être propriétaire et nous constatons qu'il le fut
effectivement. Je crois en trouver un indice dans ce fait que le
chiffre des tribus, fixé à quatre par Servius, s'élevait à dix-neuf
vers 509 av. J.-C. [2]. Il est certain que toute création de tribu
était provoquée par le progrès numérique des citoyens possesseurs du sol [3]. Il dut donc se produire un accroissement rapide
de cette classe dans le demi-siècle qui s'écoula entre la date
approximative de la réforme de Servius et l'année 509, et je
suppose que ce phénomène s'explique, au moins en partie, par
l'admission de la plèbe au droit de propriété. Cinquante ans
plus tard, quand fut rédigée la loi des XII tables, les patriciens
et les plébéiens se trouvèrent, en ce qui concernait la terre,
absolument sur le même pied.

La question des affranchis est très obscure. Denys leur attri-
bue le droit complet de cité dès le règne de Tullus Hostilius.
Mais son texte même prouve que son assertion est erronée
puisqu'il ajoute que ce roi les incorpora dans les tribus urbaines, lesquelles sont de création postérieure [4]. Plutarque dit
que le premier affranchi promu au droit de cité fut Vindex, le
révélateur du complot formé, au début de la République, en
faveur des Tarquins [5] ; mais le récit de cette conspiration est
purement légendaire. Les mesures du censeur Appius Claudius,
en 312 avant Jésus-Christ, et du censeur Q. Fabius, en 304,
attestent peut-être que les affranchis étaient déjà citoyens, bien
que Tite-Live emploie à ce propos le terme *humiles* et non pas
celui de *libertini* [6]. En tout cas, il n'est pas douteux qu'ils le de-
vinrent avant la seconde guerre punique ; car, en 220 au plus
tard, ils furent rejetés dans les quatre tribus urbaines [7]. Devin-
rent-ils en même temps propriétaires fonciers ? Il est égale-

---

[1] Mommsen, *Droit public*, VI, 1, p. 271.
[2] Kubitschek, *De romanarum tribuum origine ac propagatione*, p. 9.
[3] Mommsen, *op. cit.*, p. 184.
[4] Denys, IV, 22.
[5] Plutarque, *Publicola*, 7.
[6] Tite-Live, IX, 46 : « Humilibus per omnes tribus divisis (par App. Claudius), Q. Fabius.... ne humillimorum in manu comitia essent, omnem foren-
sem turbam excretam in quattuor tribus conjecit urbanasque eas appellavit. »
[7] Tite-Live, IX, 20 : « Libertini in quattuor tribus redacti sunt, cum autem
dispersi per omnes fuissent. »

ment impossible de l'affirmer et de le nier. Tout ce qui ressort des documents, c'est qu'en 169 avant Jésus-Christ, de nombreux affranchis possédaient des immeubles ruraux [1].

On sait que les Romains se montrèrent de plus en plus prodigues du droit de cité. Les peuples qu'ils englobèrent successivement dans leur empire ne furent pas toujours réduits à la condition de sujets, et peu à peu la fusion s'opéra entre les vainqueurs et les vaincus. Par une série de concessions individuelles ou collectives, la *Civitas Romana* se propagea, et dès le premier quart du premier siècle avant notre ère, l'Italie entière jouissait de ce privilège [2]. Au recrutement de 70 avant Jésus-Christ, on compta 450,000 citoyens [3] ; en l'an 14 de l'ère chrétienne, on n'en trouva pas moins de 4,937,000 [4] ; et finalement Caracalla, au début du IIIe siècle, étendit cette qualité à tous les habitants de l'Empire [5]. Cette extension graduelle du droit de cité eut pour conséquence l'extension du droit de propriété foncière.

Ce but fut encore atteint par une autre voie. De bonne heure, on dérogea à la règle qui réservait le sol aux citoyens. Très souvent des hommes restés en dehors de la cité étaient autorisés à le posséder ; mais il fallait, pour cela, qu'une décision expresse des pouvoirs publics leur octroyât cet avantage. Par le *commercium*, un individu, qui n'était pas citoyen, obtenait le droit de conclure, à Rome, un contrat d'achat ou de vente portant même sur la terre [6]. Par la *testamenti factio*, il obtenait le droit de recueillir à Rome ou d'y laisser par testament une succession ou un legs. Par le *connubium* enfin, il obtenait le droit de se marier d'après les formes romaines ; ce qui entraînait pour les enfants le droit d'hériter *ab intestat*. Le *commercium* et la *testamenti factio* étaient des prérogatives inhérentes au

---

[1] Tite-Live, XLV, 15 : « Eos (libertinos) qui praedium praediave rustica pluris sestersium triginta milium haberent. » Cf. Mommsen, VI, 2, p. 15.

[2] Willems, *Le droit public romain* (6ᵉ édit.), p. 385.

[3] Tite-Live, 98.

[4] *Res gestae divi Augusti*, II, 8-11.

[5] Ulpien au *Digeste*, I, 5, 17.

[6] Ulpien assimile les Latins aux « peregrini quibus commercium datum est, » et il définit le *commercium* par ces mots : « Emendi vendendique invicem jus » (XIX, 4 et 5). Voigt prétend, sans preuves suffisantes, que pour acquérir la terre, il fallait un *commercium* spécial. (*Die XII Tafeln*, I, p. 275).

jus Latii et à la *civitas sine suffragio* [1]; quant au *connubium*, il devait faire l'objet d'une concession spéciale [2]. Toute personne pourvue du droit latin ou de la *civitas* incomplète était capable d'exercer le droit de propriété quiritaire, en d'autres termes, de détenir le sol de la même manière que les citoyens romains. Le *jus Latii*, comme la *civitas sine suffragio*, était donné soit à des individus isolés, soit à des cités entières. Il fut d'abord particulier aux habitants du Latium, puis on l'accorda insensiblement à toute l'Italie jusqu'au moment où, entre les années 90 et 49 avant Jésus-Christ, plusieurs lois lui substituèrent le droit intégral de cité. A partir de César, il se répandit assez vite en Sicile, en Narbonnaise, en Espagne, en Afrique et, d'une façon générale, dans les provinces plus ou moins romanisées de l'Occident. Il ne semble pas qu'il ait pénétré largement dans les provinces orientales de langue grecque [3].

La diffusion du droit latin et celle du droit de cité augmentèrent progressivement le nombre des gens qui avaient l'aptitude à la propriété quiritaire. Mais cette sorte de propriété n'était pas admise partout ; elle ne pouvait trouver place qu'en territoire romain et ce territoire eut des limites très variables. Il n'occupait, à l'origine, qu'une faible superficie autour de Rome ; il s'élargit à mesure que Rome faisait entrer des contrées nouvelles sous sa domination directe, et déjà, au milieu du IIIe siècle avant notre ère, il couvrait une bonne partie de l'Italie centrale. Les agrandissements se poursuivirent sans interruption dans la suite et, de proche en proche, il en arriva, vers l'année 49, à se confondre avec la péninsule elle-même.

---

[1] Mommsen, *Droit public*, VI, 2, p. 251 et 255. Ce qui est dit là des Latins s'applique évidemment aux cités *sine suffragio*.

[2] *Ibid.*, p. 190 et 256.

[3] Hirschfeld, *Contribution à l'histoire du droit latin* (trad. par Thédenat dans la *Revue générale de droit et de législation*, 1880, p. 293 et 308), et *La diffusion du droit latin dans l'Empire romain* (trad. par Thédenat dans le *Bulletin épigraphique*, 1885).